LES HUIT SANCTUAIRES

DE

L'ARMÉNIE PAYEÑNE

LES

HUIT SANCTUAIRES

DE

L'ARMÉNIE PAYENNE

D'APRÈS AGATHANGE ET MOÏSE DE KHOREN

ÉTUDE CRITIQUE

PAR

A. CARRIÈRE

PROFESSEUR A L'ÉCOLE DES LANGUES ORIENTALES VIVANTES
DIRECTEUR D'ÉTUDES A L'ÉCOLE DES HAUTES ÉTUDES

PARIS
ERNEST LEROUX, ÉDITEUR
28, RUE BONAPARTE, 28

1899

JE PRÉSENTE CETTE ÉTUDE

AU

XIIe CONGRÈS INTERNATIONAL DES ORIENTALISTES (ROME)

EN LA CONSACRANT

A LA MÉMOIRE

DE

CHARLES SCHEFER

MEMBRE DE L'INSTITUT
ADMINISTRATEUR DE L'ÉCOLE DES LANGUES ORIENTALES VIVANTES
PRÉSIDENT
DU
XIe CONGRÈS INTERNATIONAL DES ORIENTALISTES (PARIS)

A. C.

Le paganisme arménien a déjà fait l'objet de plusieurs savants travaux. Les derniers en date, à ma connaissance, sont le livre du P. L. Alishan, publié en 1895[1], et le mémoire du professeur H. Gelzer, présenté la même année à la *Société royale des sciences* de Leipzig[2]. L'infatigable Père mékhithariste a réuni dans son volume toutes les données qu'il a pu recueillir sur l'ancienne religion des Arméniens. L'éminent professeur de l'Université de Iéna, en beaucoup moins de pages, mais avec une méthode plus sûre et plus sévère, a appliqué ses vastes connaissances et son esprit critique à nous présenter un tableau du panthéon arménien très supérieur à ce que nous avions jusqu'ici. On ne saurait trop recommander aux amis des études d'histoire religieuse la lecture de ces deux excellentes contributions à un sujet qui, malgré tout, reste encore obscur.

Il est difficile, en effet, de regarder comme tout à fait

1. *L'ancienne religion ou le paganisme de l'Arménie*. Venise, 1895, 1 vol. in-18 de 522 pages (en arménien).

2. *Zur armenischen Götterlehre*, dans les *Berichten der Königl. Sächs. Gesellschaft der Wissenschaften*, 1896, p. 99-148.

satisfaisants les résultats obtenus. On y sent quelque chose de flottant, d'incertain, de vague, qui ne dépend pas uniquement de la rareté et de la pauvreté des sources. La recherche manque d'une base assurée, d'un point de départ bien déterminé. Aussi bon nombre de conclusions, appuyées sur des passages isolés, quelquefois uniques, ne tiennent-elles pas devant une critique un peu rigoureuse. Ceci n'est point un reproche adressé aux deux savants que nous venons de citer. S'ils n'ont pas réussi plus complètement, c'est qu'il leur était impossible de faire mieux. La faute en est à l'état encore rudimentaire de nos connaissances sur l'ancienne littérature arménienne. L'investigation historique ne peut aboutir que si elle a été précédée de la critique des témoignages. Or les diverses questions relatives à la date, aux sources, à l'autorité des textes arméniens, n'ont guère commencé à être scientifiquement posées que par Gutschmid, et le jour est sans doute encore assez éloigné où elles seront suffisamment élucidées. En attendant, les études faites d'après ces textes sur l'état ancien de l'Arménie, en particulier les recherches sur l'introduction du christianisme dans ce pays et sur la religion qu'il remplaça, conduiront souvent à des résultats fort contestables.

Mon but, dans les pages qui vont suivre, n'est donc pas de faire avancer la connaissance du paganisme arménien. Je me bornerai à citer les noms des divinités, sans me préoccuper de leur nature essentielle, sans m'enquérir de leur origine persane, arménienne ou syrienne, sans vérifier la valeur des identifications proposées avec les divinités du panthéon grec. La question que je vais essayer de traiter est, en effet, d'ordre purement littéraire. Je voudrais en recherchant les sources de quelques passages de Moïse de Khoren montrer que ces mêmes passages ne peuvent avoir aucune valeur pour l'historien, et que les conséquences qui en ont été plusieurs fois déduites étaient au moins prématurées.

I

Artaschès Ier était, s'il faut en croire Moïse de Khoren, le petit-fils et le second successeur de Valarsace qui fonda la dynastie des Arsacides d'Arménie. Ce fut un monarque guerrier, qui conquit l'Asie-Mineure, envahit la Grèce, et « remplit l'Océan de la multitude de ses vaisseaux. » Il mourut au milieu d'une révolution militaire, pendant laquelle ses innombrables soldats s'exterminèrent les uns les autres (M. Kh. II, c. 11-13). Artaschès laissa le trône à son fils Tigrane, le gendre et l'allié de Mithridate, l'adversaire de Lucullus et de Pompée, qui porta ses conquêtes du côté de la Mésopotamie et de la Syrie.

Au cours de ses campagnes, Artaschès trouva en Asie et en Grèce un certain nombre de statues de divinités qu'il envoya en Arménie pour être érigées dans les sanctuaires nationaux comme des trophées de ses victoires. Tigrane acheva la réalisation des volontés de son père, et enrichit lui-même les sanctuaires d'une statue trouvée en Mésopotamie.

Voici les passages de Moïse de Khoren qui se rapportent à ces faits :

1

Ayant trouvé en Asie les statues en bronze doré d'Artémis, d'Héraclès et d'Apollon, [Artaschès] les fit transporter dans notre pays pour être érigées à Armavir. Les chefs des prêtres, qui étaient de la famille des Vahounis, en ayant pris possession, dressèrent, en effet, à Armavir, les statues d'Apollon et d'Artémis; mais quant à la statue virile d'Héraclès, œuvre de Skyllis et de Dipénos de Crète, ils la prirent pour celle de Vahagn leur ancêtre, et l'érigèrent en Tarôn, dans leur village héréditaire d'Aschtischat, après la mort d'Artaschès (II, 12).

2

Ayant pris en Hellade les statues de Dios, d'Artémis, d'Athéna, de Héphestos et d'Aphrodite, il [Artaschès] les fit transporter en Arménie. Les porteurs n'avaient point encore eu le temps de pénétrer bien avant dans notre pays, lorsqu'ils apprennent la nouvelle de la mort d'Artaschès; ils s'enfuient en jetant les statues dans la forteresse d'Ani[1], mais les prêtres qui les accompagnaient restent auprès d'elles (II, 12).

3

Comme première œuvre [Tigrane] voulut construire des temples; mais les prêtres qui étaient venus de Grèce, craignant d'être conduits dans l'intérieur de l'Arménie, invoquèrent des présages indiquant que les dieux désiraient demeurer dans le pays où ils se trouvaient. Tigrane, cédant à leurs vœux, érigea la statue olympienne de Dios dans le fort d'Ani, la statue d'Athéna à Thil, la seconde statue d'Artémis à Érèz[2], et la statue de Héphestos à Bagayarindj. Quant à la statue d'Aphrodite, en sa qualité d'amante d'Héraclès, il ordonna de la dresser au *Lieu des sacrifices* (= Aschtischat), près de la statue de ce même Héraclès. Puis s'étant irrité contre les Vahounis, parce qu'ils avaient osé ériger sur leur domaine particulier la statue d'Héraclès envoyée par son père, il les dépouille du sacerdoce et réunit au domaine royal le village où les statues avaient été dressées (II, 14).

1. Ne pas confondre la forteresse d'Ani (nommée aussi Kamakh, sur les cartes modernes *Kemakh*), située sur la rive gauche de l'Euphrate, dans la Haute-Arménie, avec la ville d'Ani, sur le fleuve Akhourian, dans la province d'Ararat, qui devint la capitale du royaume des Bagratides et dont les ruines sont bien connues. Cf. Saint-Martin, *Mémoires sur l'Arménie*, I, p. 72 et 111 sv.

2. *Eriza*, d'après Tommaséo, Langlois, etc. Mais *Eriza* est le génitif-datif de *Erèz*. Voir les deux exemples dans Agathange (Venise, 1862), p. 49 et 590.

4

[Tigrane] lui-même descend en Mésopotamie, y trouve la statue de Barschamèn, en ivoire et cristal, avec des ornements d'argent; il ordonna de l'enlever et de la dresser dans le bourg de Thordan (II, 14).

Il résulte donc des passages que nous venons de transcrire que, vers le commencement du premier siècle avant notre ère, d'après la chronologie de Moïse de Khoren, neuf idoles d'origine étrangère furent transportées dans les sanctuaires païens de l'Arménie par ordre des deux monarques conquérants, Artaschès et Tigrane. Trois de ces statues provenaient de l'Asie, cinq de l'Hellade, une de la Mésopotamie. Elles furent réparties comme suit entre les temples arméniens :

Trouvées en Asie :

1. Artémis (I), statue érigée à . . . . Armavir.
2. Héraclès . . . . Aschtischat.
3. Apollon. . . . . Armavir.

Trouvées dans l'Hellade :

4. Dios . . . . Ani.
5. Artémis (II). . . . . Érèz.
6. Athéna. . . . . Thil.
7. Héphestos . . . . Bagayarindj.
8. Aphrodite . . . . Aschtischat.

Trouvée en Mésopotamie :

9. Barschamèn. . . . . Thordan.

La ville d'Armavir, à laquelle Artaschès destinait les trois idoles prises en Asie, mais qui reçut seulement les statues d'Artémis et d'Apollon, était encore la capitale de l'Arménie. Valarsace, le grand-père d'Artaschès, y avait déjà érigé, avec les statues de ses ancêtres, celles du Soleil et de la Lune (M. de Kh. II, 8). Lorsque Érouand, successeur de Sanatrouk, abandonna Armavir et s'établit avec la cour dans la ville d'Érouandaschat, qu'il avait bâtie sur l'Araxe et non loin du fleuve Akhourian, il fit transporter dans sa nouvelle capitale tout ce qui se trouvait dans l'ancienne, à l'exception toutefois des idoles. L'ombrageux monarque, redoutant dans son voisinage un trop nombreux concours d'adorateurs, réunit les autels et les statues dans une ville spécialement consacrée au culte, qu'il édifia à une certaine distance et nomma Bagaran (II, 39, 40). Mais le successeur d'Érouand, Artaschès II, se bâtit à son tour une capitale à laquelle il donna son nom, Artaschat; il y recueillit tout ce que son prédécesseur avait enlevé à Armavir pour en décorer Erouandaschat et Bagaran, y compris « la statue d'Artémis et toutes les idoles de son père [Sanatrouk]. » La statue d'Apollon fut également apportée à Artaschat, mais elle fut dressée « hors de la ville et près de la route » (II, 49). Cependant, les anciennes idoles d'Armavir n'étaient point encore arrivées au terme de leurs vicissitudes. Lorsque le premier roi sassanide, Artaschir, eut fait assassiner le roi d'Arménie Khosrov et conquis son royaume, il détruisit à Artaschat les statues du Soleil et de la Lune, ainsi que celles des ancêtres de Valarsace (II, 77); il ne restait donc plus dans la capitale que les statues d'Artémis et d'Apollon.

Aucun changement ne nous est signalé quant à l'emplacement des autres idoles. Nous n'avons donc qu'à substituer le nom d'Artaschat à celui d'Armavir pour avoir une liste de huit sanctuaires, dont deux à Artaschat (celui d'Artémis et celui d'Apollon), un à Aschtischat avec deux idoles accolées (Héraclès et son amante Aphrodite), et un dans chacune des localités d'Ani, Érèz, Thil, Bagayarindj et Thordan.

Ces sanctuaires sont bien irrégulièrement répartis sur l'ensemble du territoire arménien[1]. Artaschat se trouve dans l'Ar-

1. Voir la carte jointe à cette étude.

ménie centrale (vallée de l'Araxe), Aschtischat dans l'Arménie méridionale (canton de Tarôn); les cinq autres sont groupés dans une région étroite de la Haute-Arménie formée par les trois cantons limitrophes de Daranali, Ékéléats (Akilisène) et Derdjan (Derxène). La résistance opposée par les prêtres grecs à la dispersion de leurs idoles dans les diverses provinces de l'Arménie n'explique que bien imparfaitement un état de choses aussi singulier.

II

Vers la fin du IIIe siècle ou le commencement du IVe siècle de l'ère chrétienne, — la date est incertaine, — environ quatre cents ans après l'intronisation des idoles grecques dans les temples de l'Arménie, le roi Tiridate réside à Valarschapat, non loin de la ville moderne d'Érivan. A la suite d'événements tout à fait extraordinaires, dont le livre d'Agathange nous raconte la merveilleuse histoire, et grâce à la prédication de saint Grégoire l'Illuminateur, Tiridate a embrassé la foi chrétienne. Avant même d'être baptisé, il ordonne « spontanément » que les anciens dieux nationaux, « qui ne sont pas des dieux, » doivent être extirpés du sol de l'Arménie, et que leur souvenir même sera effacé.

Alors commence une véritable campagne, dont nous allons réduire le récit au strict nécessaire. Tiridate se fait accompagner de ses nobles et de ses soldats; il en aura besoin pour combattre les démons, qui souvent défendront à main armée l'accès des temples payens. Il prend avec lui saint Grégoire et, quittant sa résidence de Valarschapat, il se dirige tout d'abord vers Artaschat, pour y détruire les autels de la déesse *Anahit*; mais, avant d'entrer dans la ville, il trouve « sur la route » le sanctuaire du dieu *Tir* (ou *Tiur*), qu'il ruine d'abord, pour en faire autant après à celui d'Anahit (Agath., p. 584 sv.).

Saint Grégoire entreprend ensuite une tournée d'évangélisation dans les villes, bourgs et villages de l'Arménie, marquant la place des futures églises, plantant des croix et enseignant la doctrine chrétienne (p. 587 sv.).

La guerre contre les idoles recommence. Tiridate et saint Grégoire se dirigent vers l'Arménie occidentale, où ils trouvent d'abord dans le canton de Daranali, dans le bourg de Thordan, le temple du dieu *Barschimnia*; le temple est ruiné et la statue du dieu mise en pièces. Saint Grégoire s'arrête dans le canton pour convertir les habitants et réussit à en chasser les démons (p. 588 sv.).

De là le roi et le saint vont au fort d'Ani, lieu de sépulture des rois d'Arménie, pour y détruire les autels d'*Aramazd*, père de tous les dieux; puis dans le canton voisin d'Ékéléats, où ils renversent, dans le bourg d'Érèz, le temple d'*Anahit*; ils traversent ensuite le fleuve Gaïl (Lycus) et abattent, dans le bourg de Thil, le temple de *Nané*, fille d'Aramazd; enfin, Grégoire continuant d'évangéliser et Tiridate racontant les miracles dont il a été l'objet, ils arrivent dans le canton de Derdjan et rasent dans le bourg de Bagayaridj, le temple du dieu *Mihr*, fils d'Aramazd (p. 590 sv.).

Après la ruine des sanctuaires de la Haute-Arménie, un temps d'arrêt se produit dans l'œuvre de destruction. Le roi et la cour sont convertis à la religion du Christ, mais non encore « illuminés par le baptême », car Grégoire, n'étant pas prêtre, ne peut le conférer. A la suite d'une grande assemblée tenue à Valarschapat, on décide donc de l'envoyer à Césarée de Cappadoce pour y être ordonné par l'évêque du lieu. Saint Grégoire part « dans le char du roi », escorté par une noblesse nombreuse et dix mille soldats. A Césarée, l'évêque Léonce et les autres évêques de la région lui imposent les mains, et il reçoit ainsi « l'autorité dans le ciel et sur la terre et les clefs du royaume des cieux. » Devenu, conformément aux rites, prêtre et chef de l'Église d'Arménie, il retourne dans son pays, comblé d'honneurs partout où il passe, et rapportant de précieuses reliques qui lui ont été octroyées par saint Léonce (p. 594 sv.).

En arrivant à la frontière arménienne, Grégoire apprend qu'il existe encore dans le pays de Tarôn un sanctuaire jusque-là épargné. C'est le temple Vahévahéan[1], consacré au dieu *Vahagn*, le huitième[2] des sanctuaires renommés, le « lieu des sacrifices des rois de la Grande-Arménie »; il est rempli de richesses et se trouve dans le bourg d'Aschtischat. Agathange nous donne sur ce temple célèbre plus de détails que sur les autres, sans toutefois que sa description soit bien nette. Nous y voyons que le Vahévahéan contenait trois autels ou édicules, consacrés, le premier au dieu Vahagn, le second à la Mère d'or, le troisième à la déesse *Astlik*, l'amante de Vahagn, que les Grecs nomment *Aphrodite*[3]. Quant au second, les interprètes s'accordent à reconnaître dans la Mère d'or la déesse Anabit, que nous avons déjà rencontrée à Artaschat et à Érèz, mais ici le texte ne la nomme pas.

La destruction du Vahévahéan est accompagnée des prodiges les plus extraordinaires. Les soldats envoyés pour abattre le temple, égarés par les démons, ne peuvent arriver à en trouver l'entrée. Le fer de leurs outils s'émousse contre les murailles. Voyant cela, saint Grégoire monte sur la colline qui fait face au temple, invoque le Tout-Puissant, et de la croix qu'il tenait à la

1. Le mot *Vahévahéan* n'est point encore suffisamment expliqué. Il semble provenir d'une forme *Vahévahé*, qui équivaudrait à *Vahagn*. Cf. Gelzer, *Zur armen. Gœtterlehre*, p. 104; Hübschmann, *Armenische Grammatik*, I, p. 76, 508.

2. *Le huitième...* La plupart des traducteurs n'ont pas vu qu'il s'agissait ici tout simplement du *huitième* [et dernier] culte idolâtrique détruit par saint Grégoire. Tommaséo : *celebrato col nome d'ottavo culto del così detto Vaacno.* Langlois : « célèbre par le nom de la huitième statue du dieu appelé Vahak'n. » Hübschmann a très bien rendu : *das achte berühmte Heiligthum.* Arm. Gramm. I, 76.

3. Le texte arménien, littéralement traduit, porte que le troisième édicule est dit « la chambre à coucher » (սենեակ) de Vahagn. Le même mot սենեակ signifie également *concubine*.

main sort un ouragan qui balaye l'édifice de manière à n'en laisser subsister aucun vestige (p. 606 sv.).

Ce fut alors seulement que saint Grégoire construisit la première église et commença à baptiser les Arméniens. Le roi Tiridate, apprenant dans sa résidence de Valarschapat le retour de l'évêque, s'empressa de venir à sa rencontre et reçut le baptême sur les bords de l'Euphrate avec sa cour et toute son armée.

Nous n'avons point à apprécier au point de vue de la vérité historique l'étonnant récit dont on vient de lire le résumé. Nous acceptons les faits tels qu'ils nous sont racontés, et nous constatons que l'œuvre de destruction a porté sur huit sanctuaires, dont deux à Artaschat, un dans chacun des bourgs de Thordan, Ani, Érèz, Thil, Bagayaridj et Aschtischat, ce dernier avec trois idoles dont deux seulement sont nommées.

III

Il est presque superflu de faire remarquer que les noms de lieu sont les mêmes que dans les textes cités ci-dessus de Moïse de Khoren. Seulement les noms des divinités diffèrent : là où Agathange cite des noms arméniens, Moïse donne des noms grecs[1]. La différence, très sensible au premier abord, disparaî-

1. Dans le reste de l'*Histoire* de Moïse de Khoren, les noms divins employés, par Agathange se rencontrent assez rarement. On dirait aussi que l'auteur semble éprouver une certaine répugnance à les considérer, sous cette forme, comme des dieux arméniens. *Aramazd*, le plus souvent cité (I, 31 ; II, 53, 86 ; III, 15), ne l'est qu'une fois comme dieu en Arménie (II, 53) ; ailleurs c'est le dieu des Ibères (II, 86). *Vahagn* (I, 31 ; II. 8, 12), quoique fils d'un roi d'Armé-

tra complètement, si, au lieu du texte arménien d'Agathange, nous prenons le texte grec [1] qui traduit les noms arméniens par les mêmes noms grecs que nous trouvons chez Moïse. Le tableau ci-dessous montre clairement quelles ressemblances et quelles dissemblances ressortent de l'examen des trois textes.

	AGATHANGE			MOISE DE KHOREN	
	Sanctuaires.	**Divinités.**		**Sanctuaires.**	**Divinités.**
	—	Texte arménien.	Texte grec.	—	—
1	Artaschat	Anahit	*Artémis*	Armavir [2]	*Artémis*
				Aschtischat	*Héraclès*
2	Artaschat	Tir (ou Tiur)	*Apollon*	Armavir [2]	*Apollon*
3	Thordan	Barschimnia	*Barsamènè*		
4	Ani	Aramazd	*Dios* [3]	Ani	*Dios*
5	Érèz	Anahit	*Artémis*	Érèz	*Artémis*
6	Thil	Nauè	*Athéna*	Thil	*Athéna*
7	Bagayaridj	Mihr	*Héphestos*	Bagayarindj	*Héphestos*
8	Aschtischat	Vahagn	*Héraclès*	Aschtischat	[*Héraclès*].
		N	N		. . . .
		Astlik	*Aphrodite*		*Aphrodite*
				Thordan	*Barschamèn*

nie, a une statue chez les Ibères qui l'honorent par des sacrifices (I, 31). *Barschamèn* (II,14 ; I, 14 sous le nom de *Barscham*) est adoré par les Syriens. *Mihr* paraît une seule fois (III, 17), comme dieu persan ; *Astlik*, une seule fois également (I, 6), comme la sœur de Zerwan, Titan et Yapetosthè, qui sont, d'après Moïse, Sem, Cham et Japhet (v. A. Carrière, *Moïse de Khoren et les généalogies patriarcales*, p. 42) ; elle serait donc la fille de Noé ! *Anahit*, la grande déesse de l'Arménie d'après le témoignage unanime de l'antiquité, n'est jamais mentionnée, pas plus du reste que *Tir* et *Nanè*.

1. *Agathangelus und die Akten Gregors von Armenien*, neu herausgegeben von Paul de Lagarde. Gœttingen, 1887.

2. Nous avons vu plus haut comment les idoles d'Armavir avaient été transportées à Artaschat.

3. Nous gardons ici le génitif Διός parce que tous les autres noms de divinités se trouvent au génitif dans le texte grec correspondant d'Agathange, et également dans l'arménien de Moïse de Khoren. Le passage relatif à Διός (éd. Lagarde, p. 67) présente une difficulté. Il rend l'arménien : *l'autel d'Arazmad, dit*

Une seule différence est à signaler dans la forme des noms[1]. Là où le texte de Moïse de Khoren porte *Barschamina* (Բարշամինայ), génitif régulier d'une forme *Barschamèn* (Բարշամէն), celui d'Agathange présente la forme assez singulière *Barschimnia* (Բարշիմնիա). On peut regarder comme certain que cette dernière leçon provient d'une faute de copiste pour *Barschamina*, comme le montre bien le texte grec correspondant qui a Βαρσαμήνης. Une pareille faute dans un nom propre n'est point pour étonner ceux qui ont pratiqué les manuscrits arméniens[2].

La place différente occupée par ce même nom dans les deux listes frappe également. Pendant que le sanctuaire de Thordan vient chez Agathange immédiatement après ceux d'Artaschat, chez Moïse de Khoren il occupe le dernier rang. Nous aurons à donner une explication de cette particularité. En attendant, laissons *Barschamèn* de côté, et voyons dans quel ordre se succèdent les autres noms du tableau.

Moïse de Khoren ayant pris la précaution de nous raconter lui-même comment les idoles dressées primitivement à Armavir furent transportées à Artaschat (p. 14), et aussi comment la statue d'Héraclès, destinée à Armavir, avait été érigée à Aschtischat (p. 12), nous pouvons constater que les noms des sanctuaires et des idoles se trouvent rangés chez Agathange et chez Moïse dans un ordre identique.

Une ressemblance de cette nature ne peut s'expliquer par une

le père de tous les dieux, par τὸν βωμὸν Κρόνου, τοῦ πατρὸς Διὸς πανοδαίμονος); ce qui est en contradiction formelle avec l'usage constant du traducteur, pour lequel Aramazd est toujours Ζεύς (voir l'index de Lagarde, *s. v.* Δία). Nous avons là sans doute la correction d'un copiste qui, n'admettant pas que Ζεύς fût « le père des dieux », a ajouté le nom de Κρόνος (Saturne). — *Dios* est pour Moïse de Khoren un nominatif, avec génitif *Diosi*. Du reste *Dios* est employé ordinairement en arménien comme nominatif; voir de nombreux exemples dans l'excellent petit livre du P. Daschian, *Agathange et l'évêque George de Syrie* (en arménien), Vienne, 1891, p. 53, note.

1. Les deux orthographes Bagayarindj et Bagayaridj ne constituent pas, à proprement parler, une différence.

2. Au dernier moment je trouve du reste *Barschamina* dans les variantes de l'édition d'Agathange, Venise, 1835.

simple coïncidence; elle suppose nécessairement entre les deux textes une relation de dépendance.

Les remarques suivantes viennent à l'appui de cette conclusion :

A. Le nom de *Barschamèn*, d'origine sémitique, mais certainement déformé (peut-être pour *Belschamèn*), ne se trouve pas ailleurs dans toute la littérature arménienne.

B. Il en est de même de l'expression « lieux des sacrifices » (յաշտից տեղիք) qui sert à désigner la ville d'Aschtischat, tout en donnant à ce nom une étymologie populaire[1]. Seulement l'expression complète « lieux des sacrifices des rois de la Grande-Arménie », qui s'applique dans le texte d'Agathange (p. 606) au temple *Vahévahéan*, est réduite dans le texte très abrégé de Moïse de Khoren aux seuls mots « lieux des sacrifices » (c. 14), employés comme nom propre à la place d'Aschtischat.

C. Lorsque Tiridate va de Valarschapat à Artaschat pour y renverser le sanctuaire d'Anahit-Artémis, il rencontre, avant d'entrer dans la ville et « sur la route » le temple du dieu Tir-Apollon (Agath., p. 584). Il s'agit ici de la route que suivait le roi, c'est-à-dire du grand chemin (պողոտայ) qui conduisait de Valarschapat à Artaschat, et qu'Agathange a déjà mentionné antérieurement (p. 151). D'autre part, Moïse de Khoren, en nous racontant comment le roi Artaschès II transporta à Artaschat, sa nouvelle capitale, les idoles de Bagaran (c. 49), ajoute : « Mais il dressa la statue d'Apollon en dehors de la ville, près de la route. » Cette dernière indication manque absolument de précision, car plus d'un chemin aboutissait à Artaschat.

D. La statue de Dios est érigée, d'après Moïse de Khoren (c. 12), « dans le fort d'Ani » (յամուրն յԱնի). L'arménien semble être un abrégé de l'expression plus développée d'Agathange (p. 590) « dans le lieu fort nommé Ani » (յամուր տեղին յանուանեալ յԱնի). Le mot employé ordinairement pour désigner la *forteresse* d'Ani est ամրոց (M. de Kh. II, 12, 38).

1. Hübschmann, *Armenische Grammatik*, I. p. 212.

Revenons aux dissemblances qui ressortent de l'étude des textes d'Agathange et de Moïse. Nous en avons déjà signalé trois, que nous allons maintenant essayer d'expliquer :

1° La place assignée à Barschamèn.

2° Le changement de destination de la statue d'Héraclès.

3° Les noms grecs des divinités remplaçant les noms arméniens.

I. Moïse n'a point trouvé d'équivalent grec au nom sémitique de Barschamèn. Il connaît du reste l'origine de ce personnage divin, car il l'a déjà introduit sous un nom légèrement modifié dans l'histoire héroïque de l'Arménie. Barscham était un tyran, de la race des géants, qui opprimait le sud du pays. Aram marcha contre lui, le battit et le rejeta fugitif, à travers la Gordyène, vers l'Assorestan. Barscham finit même par mourir sous les coups des soldats d'Aram, mais comme il s'était rendu fameux par ses exploits, on en fit un dieu qui fut adoré longtemps par les Syriens (I, 14). Ces exemples d'évhémérisme ne sont pas rares chez Moïse.

Par conséquent c'était vers le sud, non point en Asie-Mineure ou en Grèce, théâtre des exploits d'Artaschès, qu'il fallait aller chercher sa statue. La découverte de l'idole de Barschamèn fut donc réservée à Tigrane, fils d'Artaschès, qui, lui, avait soumis la Mésopotamie et la Syrie. Voici pourquoi le dieu « éclatant de blancheur » d'Agathange se trouve reporté au dernier rang, mais avec une statue où n'entrent que des matériaux blancs, « ivoire, cristal et argent. » Nous avons déjà signalé ailleurs[1] cette manière à la fois consciencieuse et arbitraire de traiter les sources.

II. Nous ne trouvons dans le texte d'Agathange aucun point d'appui, aucun prétexte, pour le récit de la désobéissance des Vahounis[2] qui transportèrent à Aschtischat la statue d'Héraclès

1. *La légende d'Abgar*, p. 385.

2. Ou Vahnounis. Les plus récentes éditions de Moïse portent Vahounis.

destinée à Artaschat. Agathange ne connaît pas les Vahounis. Moïse de Khoren, à son tour paraît ignorer le temple Vahévahéan, mais il donne le nom de Vahounis à la famille sacerdotale dont les membres desservent le sanctuaire d'Aschtischat. Cette famille descend de Vahagn, dont Moïse fait un fils du roi d'Arménie Tigrane Ier (I, 31). Elle fut chargée du service des temples et investie du sacerdoce par Valarsace (II, 8). Nous la voyons perdre ses privilèges et ses biens au commencement du règne de Tigrane le Grand (II, 14). A partir de ce moment Moïse n'en fait plus mention. Elle figure bien sur une liste de satrapies incorporée à la *Vie de saint Nersès* (p. 34), mais à part cette citation unique et assez récente, l'ancienne famille sacerdotale n'a laissé aucune trace dans toute la littérature arménienne. Les Vahounis sont certainement un produit de l'imagination de Moïse.

Il nous semble que la statue d'Héraclès, bien que devant être érigée finalement à la place marquée par le récit d'Agathange, a été réunie au premier envoi de statues grecques pour donner l'occasion à Moïse de raconter la désobéissance des Vahounis et la fin de leur pouvoir religieux. De même des prêtres grecs ont été joints au second envoi, venu de l'Hellade, pour empêcher par leurs protestations la dissémination des statues sur le territoire arménien et expliquer ainsi la singulière répartition des sanctuaires, dont le texte d'Agathange groupait cinq sur huit dans un coin de la Haute-Arménie.

Nous accordons ici une grande part à l'imagination de Moïse, mais peu de passages sont aussi caractéristiques de sa manière de faire. Lorsqu'il dit que la statue d'Héraclès est l'œuvre de Scyllis et de Dipœnos de Crète, il a sous les yeux une source, probablement syriaque, que l'on découvrira un jour ou l'autre. Pline parle d'un Hercule parmi les statues de Scyllis et de Dipœnus (*Hist. nat.*, XXXVI, 4), et le chronographe Cedrenus (I, 564, Bon.), en nommant ces deux célèbres statuaires, pourrait bien avoir puisé à une source voisine de celle de Moïse. — Le membre de phrase qui suit n'est pas plus original : *Ils l'érigèrent en Taron, dans leur village héréditaire d'Aschtischat.* Voici comment s'exprime Lazare de Pharp, en parlant de la dépouille mortelle de saint Sahak transportée à Aschtischat par les Mamikoniens : *Ils la portèrent dans le canton de Taron, dans leur propre village héréditaire, nommé Aschtischat* (p. 104, éd. 1873)[1]. La dépendance saute aux yeux. — L'idée qui vient à Tigrane de faire dresser la statue d'Aphrodite dans le sanctuaire d'Aschtischat à côté de celle d'Héraclès, et de réunir ainsi les deux amants, est provoquée tout naturellement et justifiée par le texte d'Agathange.

III. Nous avons dit plus haut que les noms des idoles — à l'exception de Barschamèn — étaient donnés par Moïse sous la forme grecque, et que cette forme correspondait rigoureusement à la traduction grecque d'Agathange. Un pareil fait est d'autant plus singulier que les identifications de quelques-unes de ces divinités sont fort contestables. Moïse traduisant indépendamment n'aurait jamais pu arriver à une aussi parfaite concordance. Du reste, abstraction faite des passages se rapportant de près ou de loin à nos statues, il ne cite jamais de dieux grecs qu'en transcrivant ses sources. Dios et Apollon ne figurent chez lui nulle part ailleurs. Artémis et Aphrodite ne sont mentionnées qu'une seule fois (III, 33) d'après Malalas[2]; Héphestos, deux fois dans un même chapitre (I, 7) d'après la *Chronique* d'Eusèbe (t. I, p. 200); Héraclès, également deux fois dans les mêmes conditions (II, 8) et d'après la même *Chronique* (t. I, p. 58 sv.). Athéna fait seule exception en réapparaissant dans une lettre de l'empereur Julien (III, 15).

Si ce n'est pas Moïse qui a interprété lui-même les noms d'idoles, il ne reste que deux hypothèses pour expliquer la concordance signalée : Ou bien Moïse a connu, soit directement, soit indirectement, l'Agathange grec, ce qui n'a en soi rien d'improbable; ou bien le texte d'Agathange qu'il avait sous les

1. ...տարան ի գաւառն Տարօնոյ ի բնիկ գիւղն իւր[եանց] սեփհական՝ յանուանեալ Աշտիշատ, cf. Koriun, éd. 1833, p. 25, et Moïse Khor. III, 67.

2. A. Carrière, *Nouvelles sources de Moïse de Khoren*, Supplément, p. 22.

yeux portait les deux noms arménien et grec. L'existence d'un pareil texte ne doit pas être rejetée de prime abord. L'Agathange que nous connaissons a encore : *Astlik, qui est Aphrodite*; et dans un passage de Fauste de Byzance sur la destruction du sanctuaire d'Aschtischat, dérivé certainement d'Agathange, nous lisons : *Héraclès, c'est-à-dire Vahagn* (éd. 1889, p. 37). Ce sont peut-être là les débris d'une ancienne recension, maintenant perdue, du texte arménien d'Agathange.

Les diverses observations que nous venons de présenter ne font qu'accentuer davantage le caractère de parenté des deux documents. Elles tendent en outre à montrer que le texte le plus ancien n'est pas celui de Moïse de Khoren. La priorité d'Agathange est d'ailleurs évidente. Sans parler d'autres considérations appartenant à l'histoire littéraire, elle est élevée au dessus de tout doute par ce fait que l'ordre des noms suivi par lui est tout simplement l'itinéraire de saint Grégoire dans ses trois expéditions contre les idoles :

1° De Valarschapat à Artaschat;

2° De Valarschapat dans la Haute-Arménie ;

3° De Valarschapat à Césarée et retour par Aschtischat.

Moïse observe le même ordre, mais rencontrant deux sanctuaires d'Anahit-Artémis, l'un à Artaschat, l'autre à Érèz, il est obligé d'amener en Arménie deux statues d'Artémis, l'une venant de l'Asie, l'autre de l'Hellade. Cette seule circonstance suffirait pour démontrer le caractère artificiel de son récit.

Nous pouvons regarder comme acquis que Moïse de Khoren, pour établir sa liste des idoles grecques introduites en Arménie, a suivi l'histoire de la destruction des temples racontée par Agathange.

IV

A l'époque où vivait Moïse de Khoren, on ne pouvait plus se faire qu'une idée bien imparfaite de ce qu'avait été l'ancienne religion arménienne. La tradition avait disparu. Les livres, qui circulaient déjà en grand nombre, parlaient aussi peu des vieilles religions que des religions étrangères ; quelques-uns seulement polémisaient contre le mazdéisme des Sassanides. Les vieux sanctuaires avaient été consacrés au culte nouveau, les vieilles fêtes christianisées. Il en était de l'Arménie comme de tous les pays convertis au Christianisme, sauf la Grèce et Rome où une brillante et indestructible littérature maintenait au moins le souvenir des antiques adorations.

Il n'est pas improbable que le récit d'Agathange sur le renversement des temples ait été alors le seul texte qui pouvait donner à Moïse des renseignements sur le paganisme national, comme il est encore aujourd'hui la base de toute recherche sur le panthéon arménien. Quoi qu'il en soit, Moïse le connut et en tira parti. Ce document lui fournit une sorte de liste officielle des vieux sanctuaires et des idoles qui y étaient adorées. Il releva cette liste avec un soin minutieux[1], mais ne l'introduisit point dans son *Histoire* à sa place chronologique. Nulle part il ne fait allusion aux dieux servis par Tiridate, et il ne dit pas un mot de la destruction des temples. On sait du reste quelle est

1. On peut en juger par le détail suivant : les deux idoles d'Artaschat, d'après Moïse de Khoren, sont : 1° Artémis-Anahit ; 2° Apollon-Tir ; or, les sanctuaires furent détruits dans l'ordre inverse : 1° Tir ; 2° Anahit ; mais Moïse a reproduit les noms tels qu'ils se suivent dans le texte d'Agathange (*Tiridate part pour abattre le temple d'*Anahit *; il rencontre sur la route le sanctuaire de* Tir, *et le renverse avant celui d'*Anahit. Agath. p. 584).

l'imperfection singulière de la partie du livre de Moïse où *devrait être racontée* la conversion de l'Arménie au Christianisme.

Les renseignements puisés dans le livre d'Agathange furent employés, — qu'on me pardonne l'expression, — *régressivement* : ils servirent à raconter l'origine et la transplantation en Arménie des idoles abattues par saint Grégoire. On put connaître alors la provenance de *chacune* d'elles. C'étaient de véritables trophées, des dépouilles opimes, dont les Arméniens avaient le droit de s'enorgueillir, car elles étaient en même temps le produit et la preuve des conquêtes de leurs rois en Asie, en Grèce et en Mésopotamie. Peut-être Moïse de Khoren a-t-il voulu aussi assigner une origine grecque à l'idolâtrie arménienne; en effet, il ne dit nulle part expressément que les statues aient été érigées dans des sanctuaires déjà existants, et le contraire résulterait plutôt de la manière dont furent réparties dans les bourgs voisins les idoles déposées d'abord à Ani. Mais cette dernière question est en dehors de l'objet de nos recherches.

Si, comme nous croyons maintenant l'avoir établi, l'introduction en Arménie des idoles grecques ne correspond à aucun événement réel, mais est un produit de l'imagination réfléchie de Moïse de Khoren, la valeur historique de plusieurs chapitres de son livre se trouve gravement compromise. Ainsi, ce qui est raconté de la translation des dites idoles d'Armavir à Bagaran et de Bagaran à Artaschat ne peut plus être qu'un développement de la fiction première. Les doutes soulevés pour bien d'autres raisons sur le caractère historique des règnes d'Érouand et d'Artaschès II (livre II, c. 37-60), en prennent plus de consistance. Artaschès II avait nommé son fils Majan, grand prêtre d'Aramazd à Ani (c. 53), et envoyé un ambassadeur au temple d'Érèz pour demander à Artémis guérison et longue vie (c. 60).

Les événements de ces deux règnes nous sont racontés sur l'autorité d'un autre prêtre d'Ani, Olympius (Ouliup), qui avait écrit une *Histoire des temples*[1] (մեհենական պատմութիւնք, c. 48),

1. Ce n'est pas la première fois que Moïse de Khoren nous parle des *His-*

et dont il n'est question nulle part ailleurs. Le dieu adoré à Ani était Aramazd, c'est-à-dire, pour Moïse de Khoren, Jupiter *Olympien*, ce qui explique probablement le nom du prêtre. Quant au livre, Moïse ne dit point qu'il l'ait eu entre les mains, et ne mentionne spécialement aucun fait comme lui ayant été emprunté. Il nous renseigne mieux au c. 66, où nous lisons que le Syrien Bardesane, « réfugié dans le fort d'Ani, y lut l'*Histoire des temples* (celle d'Olympius naturellement), où se trouvaient aussi relatées les actions des rois. Bardesane, y ajoutant les événements contemporains, mit le tout en syriaque, et son livre fut dans la suite traduit en grec[1]. » Moïse a connu l'œuvre de l'hérétique syrien, et il en donne un extrait dans les termes suivants : « Bardesane y rapporte, d'après les *Histoires des temples*[2], que le dernier Tigrane, roi d'Arménie, pour honorer le tombeau de son frère, le grand-prêtre Majan (c. 51, 53, 55), au Bourg des autels (= Bagouan)[3], canton de Bagrévand, fit construire sur ce tombeau un autel, où tous les voyageurs devaient avoir leur part des sacrifices et trouver un abri pour la nuit. Au même endroit, Valarsch institua plus tard une fête solennelle, qui était célébrée au commencement de la nouvelle année, au début du mois de Navassard. »

toires des temples où sont racontées les actions des rois. Il y avait déjà, dans les archives d'Édesse (II, 10), de ces *Histoires* qui y avaient été apportées de Nisibe (II, 27) et de Sinope, ville du Pont (II, 38). Nous avons montré dans une publication antérieure (*La légende d'Abgar*, p. 361 sv.) qu'il fallait regarder ces prétendus documents comme des sources imaginaires. Depuis lors, nous sommes arrivé à la conviction que Moïse avait puisé l'idée des *Histoires des temples* dans la *Chronique* d'Eusèbe, dont il fait un si fréquent usage. Manéthon écrivit *d'après les Histoires des temples* (ի մեհենական պատմութեանց) ; le grec porte ἐκ τῶν ἱερῶν (*Chron.* I, 222). — « Sur tous ces rois, les prêtres (քուրմք) avaient des documents dans les écrits des temples » (ունէին գմատեանս ի մեհենագիրս, grec : εἶχον ἀναγραφὰς ἐν ταῖς ἱεραῖς βίβλοις ; *ibid* I, 133 ; voyez encore I, 208.

1. Cette mention de rédaction en syriaque et de traduction du syriaque en grec est empruntée à Eusèbe (*Hist. eccl.*, IV, 30 ; vers. arm. p. 312), qui sert de source à une grande partie du ch. 66 ; mais elle se rapporte à des écrits de Bardesane parmi lesquels l'*Histoire des temples* n'est pas mentionnée.

2. Lire dans le texte պատմութեանց, au lieu de պաշտամանց.

3. Բագուան ou Բայուան, *bourg des dieux* (Hübschmann, *Arm. Gram.*

Il est impossible de ne pas reconnaître dans la fête, soi-disant instituée par Valarsch, celle que saint Grégoire fit remplacer, après le baptême de Tiridate, par la commémoration des saints martyrs dont il avait rapporté les reliques de Césarée. Le passage d'Agathanthe (p. 623) présente, il est vrai, des difficultés d'interprétation[1]. Les uns, comme Langlois, y trouvent mentionné un dieu Amanor (*Nouvel-an*); les autres, comme Dulaurier, Gelzer, etc. y reconnaissent un dieu Vanentour (*Donne-abri*) ; Emin y voit Amanor et Vanentour à la fois, mais identifie les deux divinités. Il faut avouer que le texte, dans son état actuel, permet ces diverses traductions. Moïse de Khoren et le traducteur grec d'Agathange ont compris autrement ; ils avaient sans doute sous les yeux un texte un peu différent du nôtre. Quoi qu'il en soit, la citation de l'*Histoire des temples* de Bardesane dérive du passage d'Agathange que nous venons d'indiquer. Nous rencontrons donc en terminant un fait parallèle à l'introduction des statues grecques en Arménie, et nous constatons, chez Moïse de Khoren, un nouveau cas d'emploi *régressif* des sources.

p. 113). Agathange (p. 612) dit que ce nom est parthe et lui donne comme équivalent arménien Դիցաւան, *bourg des idoles* ou *des dieux*. Moïse de Khoren le rend ici par Բագնաց աւան, *bourg des autels*; cf. II, 55 ; III, 67.

1. Cf. H. Gelzer, *Zur armen. Gœtterlehre*, p. 132 sv.

IMP. CAMIS ET Cie, PARIS. — SECTION ORIENTALE A. BURDIN, ANGERS.

LES HUIT SANCTUAIRES DE L'ARMÉNIE PAYENNE

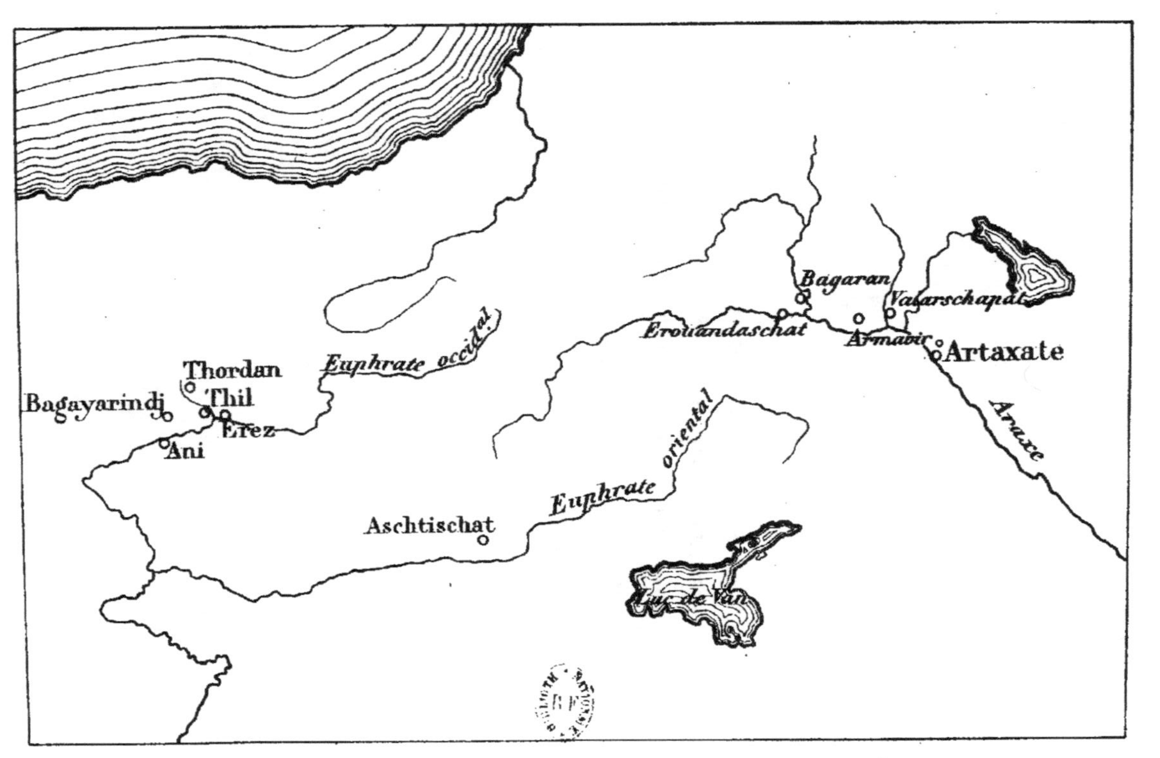

PARIS. — IMPRIMERIE CAMIS ET Cie, 172, QUAI DE JEMMAPES,
SECTION ORIENTALE A. BURDIN, A ANGERS
Imprimeurs du Ministère de l'Instruction publique et des Beaux-Arts.

www.ingramcontent.com/pod-product-compliance
Lightning Source LLC
LaVergne TN
LVHW050505160826
845677LV00003B/944

* 9 7 8 2 3 2 9 6 5 1 5 9 0 *